Dr. Heiner Schröder

„Is man eenmaal Gallmarkt"

500 Jahre Gallimarkt in Leer
Die Ostfriesen und ihr großes Volksfest 1508 - 2008

Dr. Heiner Schröder

„Is man eenmaal Gallmarkt"

500 Jahre Gallimarkt in Leer

Die Ostfriesen und ihr großes Volksfest 1508 - 2008

Ostfriesen Zeitung

Impressum:

ZGO Zeitungsgruppe
Ostfriesland GmbH
Maiburger Straße 8
26789 Leer
ISBN 978-3-9810645-1-3
© ZGO Zeitungsgruppe Ostfriesland GmbH
Alle Rechte vorbehalten.

Printed in Germany 2008

Autor:
Dr. Heiner Schröder

Layout:
Manfred Rosenfeld

Grafiken:
Wolfgang Lünemann
Siegfried Weers

Druck: Siebe Ostendorp Druck GmbH
Untenende 21
26817 Rhauderfehn

Aus dem Inhalt

„Radeau, radeau, raditjes doe,
de Stadt de hört de König toe,
radeau, radeau, raditjes dum!
De Börgermester led verbeden:
nümms mag kopen of verkopen,
bevor de Klocke negen sleit,
bi Verlüß van Goederen.
Un all, wat over tein Pund weggt,
is na de Waage to brengen,
und darno fiev Dag free Markt."

Ausruf der Gallimarkt-Herolde

Vorwort

Es muss im Jahr 1989 gewesen sein. Gerade mal ein Jahr lebte ich in Ostfriesland, wunderte mich darüber, dass alle über den Gallimarkt sprachen. In meiner Geburtsstadt Münster gibt es auch so etwas ähnliches, „Send" nennt man es dort. Ein Ereignis, das mehrmals im Jahr stattfand und spätestens im reifen Schulalter an Reiz verlor. Der Gallimarkt, so hörte ich, bestand ja auch nur aus Karussells, Buden und Losverkäufern. Es fiel schon auf, dass irgendwie alle das Wort Gallimarkt im Mund hatten. Alt, jung, arm, reich, sympathisch, unsympathisch. Dieser Jahrmarkt schien keine Zielgruppe zu haben. Trotzdem: Was sollte daran so besonders sein? Dann ging ich zum ersten Mal den Weg, den seit Jahrhunderten die meisten Gallimarktbesucher gehen. Brunnenstraße, Rathausstraße, Königstraße. In der Rathausstraße kam mir ein Mann entgegen. Eigentlich war es kein Mann, sondern ein gewaltiges Stofftier, hinter dem der Mann verschwand, mühsam die Balance haltend. Die ulkige Szene, die drumherum schwatzenden, lachenden, zum Gallimarkt hin oder von ihm weg treibenden Menschen sind mir im Gedächtnis haften geblieben. Auch wenn ich seitdem jeden Gallimarkt besucht habe. Natürlich.

Der Gallimarkt wird jetzt 500 Jahre alt. Es ist nicht der 500. Ab und zu musste er ausfallen. Wenn es wirklich gar nicht mehr anders ging. Nach Sturmfluten, Hungersnöten und Kriegen, ob im 30-jährigen Krieg oder im Ersten Weltkrieg. Aber es waren immer nur ein, zwei oder wenige Jahre, in denen die Ostfriesen ihre Lust auf Fröhlichkeit, Ausgelassenheit, Alkohol, Tanz, Liebe, Schwindelgefühlen und vor allem „Sehen-und-Gesehen-Werden" nicht ausleben durften. Der Gallimarkt ist tatsächlich ein Ereignis, das seit 500 Jahren die Menschen in Leer, Ostfriesland und weit darüber hinaus in seinen Bann zieht. Ob als wichtige Quelle zur Versorgung mit Nah-

Der erste Sonderzug zum Gallimarkt.

Egal wie und womit: Hauptsache, es geht Richtung Gallimarkt.
So sieht es eine Karikatur im Leerer Anzeigeblatt aus dem Jahr 1932.

7

rungsmitteln, Werkzeugen, Kochtöpfen und Stoffen und vielem mehr wie in der Anfangszeit, als wirtschaftlich bedeutender Handelsort für Vieh oder einfach als Jahrmarkt zur Volksbelustigung. Dieses Buch erzählt die Geschichte des Gallimarkts, der Jahrmarktbummler, Karussellbesitzer, der Viehhändler, der schwersten Damen der Welt, der Säufer, Kaufleute und Gastwirte. Und weil der Gallimarkt immer auch Spiegel der herrschenden wirtschaftlichen und politischen Ereignisse war, ist ein Buch über den Gallimarkt gleichzeitig ein Buch über 500 Jahre ostfriesischer Geschichte.

Heiner Schröder

Ein verträumtes Dorf der Fischer und Bauern

Wer 500 Jahre nach der Geburt des Gallimarktes am Rathaus aufs Fahrrad steigt, durch die Rathausstraße kurvt, in die Kirchstraße abbiegt und dann immer geradeaus fährt, muss sich schon ein bisschen anstrengen. Es geht nämlich bergauf. An der Kaakspütte erreicht er schließlich das mittelalterliche Dorfzentrum mit dem alten Marktplatz. Noch ein paar Meter weiter und noch etwas höher sieht er am Westerende den alten reformierten Friedhof mit der Krypta der ersten Kirche von Leer. Diese Stelle haben sich die frühen Leeraner ganz bewusst ausgesucht: Sie liegt auf einem Geestrücken, hoch genug, um vor den bei Sturmfluten und nassen Wintern anschwellenden Flüssen Leda und Ems sicher zu sein. Dort siedelten keine Seefahrer oder Kaufleute, sondern Bauern und Fischer. Übrigens schon vor der Christianisierung am Ende des 8. Jahrhunderts. Denn der benachbarte Plytenberg und der Hügel, auf dem die erste Kirche gebaut wurde, stammen aus der Zeit vor 800. Der Name Leer leitet sich obendrein vom germanischen Wort „hléri" ab, was in der Übersetzung so viel wie Weideplatz bedeutet.

Daher muss man sich Leer im Mittelalter als recht verträumtes Dorf vorstellen, nur teilweise an Kirchstraße, Westerende, Süderkreuz- und Norderkreuzstraße bebaut. Wahrscheinlich auch nicht mit festen Steinhäusern, sondern mit Lehmhütten. Um diesen Siedlungskern herum erstreckten sich Weiden, Felder und Gärten. Die Niederungen an den beiden Flüssen waren das Terrain der Fischer, ansonsten aber nicht für Siedlungen oder die Landwirtschaft zu gebrauchen. Neben der Viehwirtschaft spielte auch vor der Gallimarktzeit schon der Flachsanbau eine Rolle. Flachs gedieh in und um Leer herum und war der Rohstoff für die Herstellung von Leinen. Es gab auch schon etwas Flachshandel. Aber als Massenware hatten ihn die Leeraner bis zum 15. Jahrhundert noch nicht entdeckt. Die heutige Hafen-, Han-

Das 2005 von Heiner Unkel gemachte Luftbild zeigt noch Wälle der Festung Leerort.
Es ist gut zu erkennen, dass die Festung strategisch günstig lag und eine Kontrolle des Handels auf Ems und Leda ermöglichte.

dels- und Einkaufsstadt Leer nahm also als kleines Bauern- und Fischerdorf ihren Anfang. Und ohne den Gallimarkt wäre sie das vielleicht auch geblieben. Der erste, der versuchte, den Flecken Leer aus dem Windschatten der Geschichte zu zerren, war der ostfriesische Häuptling Focko Ukena (1370 bis 1436). Der verlegte, nachdem er seinen Rivalen Ocko tom Brook aus dem Felde geschlagen hatte, seinen Hauptsitz von Neermoor nach Leer und baute dort um 1421 die Fockenburg.

Leer war drauf und dran, das größte Verwaltungs- und Machtzentrum Ostfrieslands zu werden. Aber den anderen ostfriesischen Häuptlingen und auch vielen Bauern ging die Macht Focko Ukenas zu weit, und so gründeten sie den „Bund der Freiheit", belagerten Ukena 1430 in seiner Leeraner Fockenburg, verjagten ihn und machten die Fockenburg dermaßen gründlich dem Erdboden gleich, dass man heute nur noch erahnen kann, wo sie einst ge-

und dem Chef Paul Sommer von der Ostfriesischen Volksbank Leer. Sommer, längst in Rente, hat immer für die Frauen eine Rose geschossen. Die Volksbank war auch etwas Besonderes, denn durchaus mal 60 junge Banker durften schon am Mittwoch zum Gallimarkt und ins große Festzelt, obwohl der Tag der Betriebe und Vereine doch eigentlich der Donnerstag ist. Früher gab es auch die klaren Einteilungen: Am Mittwoch kam das Landvolk aus der weiteren Umgebung, am Donnerstag das Landvolk aus Leer, am Freitag kamen die Städter. Und wehe, eine Gruppe hatte sich vertan und tauchte am Tag des anderen Lagers auf. Im 500. Jahr der Gallimarktgeschichte sieht man das nicht mehr ganz so eng. Die beiden Geschwister meinen zu bemerken, dass die Begeisterung bei den Jüngeren ohnehin nicht mehr so groß ist. Die Zukunft wird zeigen, ob das wirklich so ist.

Frauke und Imke waren und sind jedenfalls immer da. Und sie nahmen lange alles mit. Schießbuden, Feuerwerk am Freitag, Seglerball am Sonnabend, vorher noch die Lampionfahrt, hinterher Ratskeller und Zollhausfete, Aalessen, Berliner, „obwohl es für uns eigentlich immer wichtigere Dinge als Essen gab", sagt Frauke. Auf den Gallimarkt hat man sich lange gefreut und wenig dem Zufall überlassen. „Ich wusste meistens genau, mit wem ich wann auf dem Gallimarkt bin", erzählt Frauke. An jedem der fünf Tage natürlich. Seitdem sie drei ist, hat sie kaum einen Tag verpasst. Nur einmal kam sie richtig in Schwierigkei-

Marktnotiz:

Tag der Knechte

An welchem Tag welche Gruppe auf den Gallimarkt geht, ist gar nicht so einfach zu entwirren. Mal hieß es, dass der Donnerstag der Tag der Knechte war, mal wurde der Mittwoch genannt. Die Wahrheit ist, dass im 19. Jahrhundert tatsächlich eine strenge Unterteilung bestand: Mittwochs kamen die Pferdebauern und Knechte und Mägde aus dem Rheiderland, donnerstags war die Zeit der Kuhbauern und ihrer Knechte und Mägde. Es gab immer Reibereien, wenn eine Gruppe sich „vertan" hatte und am Tag der anderen Gruppe auftauchte. Mit der Verlängerung des Gallimarkts und der Besserung der Arbeitsbedingungen für Knechte und Mägde verwischten die Grenzen langsam.

ten, als die Familie an einem Gallimarkt-Freitag in den Urlaub startete. Da musste das, was eigentlich in fünf Tagen gemacht wird, eben einmal in drei Tagen erledigt werden.

Und 2008, 500 Jahre, nachdem der alte Edzard den Gallimarkt in Leer mit einem nicht mehr aufzufindenden Dokument gestiftet hat? Beide, Frauke und Imke, haben ihren Lebensmittelpunkt nicht mehr in Leer, sondern bei Kiel und in Göttingen. Beim Gallimarkt sind sie trotzdem wieder da. Wer sie kennen lernen will, muss nur ab und zu bei der Schwarzwaldbude vorbeisehen. Denn zum Gallimarkt gehen sie längst nicht mehr wegen der Karussells und der netten Jungs, sondern um alte Freunde zu sehen. „Der Gallimarkt ist ja so was wie ein inoffizielles Klassentreffen geworden", sagt Frauke, wobei sich an der Schwarzwaldbude und in einigen anderen ausgewählten Kneipen – in ein paar Jahren können es auch ganz andere Buden sein – eben nicht nur eine Klasse trifft, sondern ganz viele Klassen zusammenkommen.

Ein bisschen vom alten Gallimarkt-Gefühl mit Oma Anni erleben die beiden Leeranerinnen jetzt wieder: Mit ihren Kindern, die nicht in Leer aufgewachsen sind, gehen sie nachmittags über den Markt: „Meine beiden Kinder kennen als Jahrmarkt nur den Gallimarkt. Und weil sie über den Gallimarkt gehen, fühlen sie sich als halbe Ostfriesen", sagt Imke. Gallimarkt sei eben ein Stück Leeraner Identität. Zumindest für Frauke und Imke.

Nachfolger der „Berg- und Talbahn" und der „Raupenbahn" sind Fahrgeschäfte wie der „Musik-Express" oder „Hawaii-Swing" (Foto). Dort trifft sich heute noch die Jugend, dort werden die Gallimarkt-Hits gespielt.

Der Superstar in der Schwarzwaldbude

So ein richtiger Leeraner kann seine Herkunft nicht verleugnen. H. P. Baxxter, einem weltweiten Millionenpublikum bekannt als Vorsänger und Vorturner der Techno-Band Scooter, will das auch gar nicht und ist bei Interviews und Fernsehauftritten immer noch an seinem ostfriesischen Tonfall leicht zu erkennen. Im 500. Gallimarktjahr tourt er durch Deutschland und die größten Städte Großbritanniens, hat mittlerweile 20 Millionen Tonträger verkauft, 80 Gold- und Platin-Auszeichnungen in der ganzen Welt erhalten und – was wohl das Erstaunlichste ist – in einer außergewöhnlich

Im 500. Gallimarktjahr tourt die Techno-Band Scooter mit ihrem Kopf H. P. Baxxter durch Deutschland und Großbritannien.

schnelllebigen Branche Konstanz gezeigt. Scooter gibt es jetzt schon seit mehr als zehn Jahren: 1994 war es, als H. P. Baxxter und seine Bandmitglieder nach vielen erfolglosen Jahren mit „Hyper, Hyper" ihren ersten großen Hit und den kommerziellen Durchbruch schafften. Scooter gilt als Hamburger Band. Das stimmt auch. Aber H. P. Baxxter hieß einmal Hans Peter Geerdes und ging wie jeder Leeraner auf den Gallimarkt. „Als ich ein Kind und ein Jugendlicher war, war der Gallimarkt natürlich die Attraktion, obwohl für mich als Logaer das Schützenfest eine fast noch größere Bedeutung hatte", erzählt Baxxter. „Als ich noch klein war, haben mich schon allein die Gerüche fasziniert, von Kräuterbonbons, gebrannten Mandeln, den Fischbuden und so weiter. Später dann, als man sich mehr für Mädels interessiert hat, war die Schwarzwaldbude der wichtigste Anlaufpunkt. Man traf sich dort mit Freunden, und weil hier die hübschesten Mädchen waren, wurde immer heftig geflirtet." Zum letzten Mal war Hans Peter Geerdes – da war er schon ein Star – Mitte der 90er Jahre auf dem

Marktnotiz:

Deutscher Hering

Die Deutschtümelei der Nationalsozialisten trieb zu Gallimarktzeiten seltsame Blüten. An die ständigen Weinfeste – natürlich mit deutschem Wein – hatten sich die Ostfriesen schon gewöhnt. 1937 warb man aber nicht nur für deutschen Wein, sondern auch für deutschen Hering. Nicht einmal Fische waren vor der nationalsozialistischen Weltanschauung sicher.

Gallimarkt und traf an der Schwarzwaldbude die Freunde und Klassenkameraden von einst, die sich noch daran erinnern können, dass Geerdes schon in der Schule erzählte, dass er eine große Musikkarriere anstrebt.

Natürlich scheiden sich an seiner Musik die Geister. Baxxter nimmt meist alte Ohrwürmer der Pop-Geschichte wie „Glass of Champagne" von der Gruppe „Sailor", die in den 70er Jahren ein paar Hits landete („Girls, Girls, Girls"), verfremdet sie technisch, unterlegt das Ganze mit einem treibenden Techno-Rhythmus und setzt mit einem Sprechgesang, der die Zuhörer zum Tanzen peitscht, die Scooter-typischen Akzente. Das muss man nicht mögen. Aber den Erfolg kann niemand bestreiten. Offenbar trifft Scooter den Nerv von Millionen junger Leute in der ganzen Welt.

Scooter-Musik passt eigentlich gut zum Gallimarkt, zu rasenden Fahrgeschäften, ausgelassener Stimmung und jungen Leuten. Aber trotzdem wird man H. P. Baxxter nicht mehr oft auf dem Markt seiner Heimatstadt sehen. Wenn überhaupt. „Leider war ich lange nicht mehr auf dem Gallimarkt. Zum einen, weil es oft terminlich nicht ging, zum anderen, glaube ich, könnte man es nicht mehr ungestört genießen, und da behalte ich es lieber so schön in Erinnerung, wie es früher war." Erinnern kann er sich zum Beispiel an Folgendes: „Ich glaube, ich war 15, als ich in irgendeiner Bude mit Zauberdarbietungen zum ersten Mal eine Stripshow gesehen habe, das hat mich damals dermaßen beeindruckt, dass ich es bis heute nicht vergessen habe. Dann gab es später noch die Tradition, nach dem Gallimarkt zum Seglerball zu gehen. Dort wurde bis in die frühen Morgenstunden weitergefeiert, oder man hat noch einen Abstecher zu Discjockey Willy in die Diskothek ‚Datscha' in der Heisfelder Straße gemacht. Dazu fällt mir noch der alte Spruch ein: einmal Datscha, immer Datscha, wenn schon denn schon Datscha." Wenn man Baxxter schon nicht mehr auf dem

Ein Gallimarkt-
besucher, der
1994 ein Weltstar
wurde: Hans Peter
Geerdes, der sich
heute H. P. Baxxter
nennt und Kopf
der Techno-Gruppe
Scooter ist. Zu Be-
ginn seiner Karriere
war er noch an der
Schwarzwaldbude
zu sehen.

An die Menschenmassen und den Geruch von gebrannten Mandeln, Fisch und Kräuterbonbons kann sich Baxxter noch erinnern.

Gallimarkt sieht: In Ostfriesland ist der Wahl-Hamburger und Weltenbummler immer noch ab und zu. Baxxter: „In mehr oder weniger regelmäßigen Abständen fahre ich gerne nach Leer, um auszuspannen, eine Fahrt durchs Rheiderland zu machen, mal jemanden aus der Schulzeit zu treffen – und in erster Linie natürlich, um meine Mutter zu besuchen." Und wer weiß schon, was passiert, wenn er mal im Oktober kommt, irgendwann zwischen dem zweiten Mittwoch und Sonntag . . .

Und die Jugend geht doch noch hin

Die „Gören" werden „mit der übrigens überflüssigen Mahnung zu Markte gelassen, recht sparsam zu sein. Mit der treuherzigsten Miene von der Welt versichert die lose Gesellschaft natürlich strengsten Gehorsam, kommt es doch vorerst darauf an, überhaupt wieder auf den Marktplatz zu kommen".
Später, so ein scharfsinniger Beobachter am Ende des 19. Jahrhunderts, hoffen „die Gören" dann auf „Nachbewilligungen". Wenn man mal von der etwas altmodischen Sprache und

„Schellen kreg wi so wi so all, viellicht ok noch 'n Klaps, aber is man eenmaal Gallmarkt."

dem heute nicht mehr so geläufigen und auch nicht ganz freundlich gemeinten Begriff „Gören" absieht, kann sich diese Szene problemlos mehr als 100 Jahre später Anfang Oktober in vielen Leeraner Familien abspielen.

Seitdem der Gallimarkt mehr ein Jahrmarkt als ein Handelsort ist, gibt es Diskussionen darüber, ob die Zeit der Jahrmärkte abläuft oder nicht. Gerade das für die Meinungsbildung in Leer wichtige Leerer Anzeigeblatt, das eine sehr bürgerliche Richtung vertrat, tat sich immer wieder schwer, das ausgelassene Treiben während der Gallimarkttage ohne mahnende Worte und Kritik hinzunehmen. Vor allem der Alkoholkonsum und der Sittenverfall wurden angeprangert. Und daher wurden Gruppen, die sich solchen Lastern entgegenstellten, immer besonders hervorgehoben. 1920 etwa lobte die Zeitung eine Demonstration von „Jugendlichen, Schülern und Mädchen", die gegen die „Schmutzigkeiten" in einer Bude protestierten. Sie „erklärten jeden für unsittlich, der in die Vorstellung" geht, und legten sich mit dem Besitzer an. Das Leerer Anzeigeblatt schlug sich auf die Seite der Jugendlichen und meinte, dass in der Bude anderes gezeigt werde „als polizeilich bekannt und genehmigt". Leider war das Blatt so diskret, dass es nicht einmal offenbarte, was in der Bude gezeigt wurde. Zu dieser Zeit kurz nach dem Ersten Weltkrieg vermisste man die Stimmung und die Besuchermassen der Vorkriegszeit. Erst 1888 hatte das Leerer Anzeigeblatt noch ein vernichtendes Urteil über den Gallimarkt gefällt: „Solche Märkte

Das ist was für junge Leute – der freie Fall im „Power Tower" auf dem abendlichen Gallimarkt.

haben sich überlebt und keinen wirtschaftlichen Werth." Veranstaltungen wie der Gallimarkt behinderten nur den Verkehr und sollten zur Haneburg verlegt werden. 1897 hieß es dann angesichts der Menschenmassen auf dem alten Marktplatz an der Waage: Der „Gallimarkt hat seine Anziehungskraft doch noch nicht ganz verloren" und bringe den Geschäftsleuten, die neun Jahre vorher noch über die Verkehrsbehinderungen geklagt hatten, „einen Großtheil ihres Jahresverdienstes". Dieses Auf und Ab aus Totsagen und Wiederaufleben über all die Jahre zeigt nur: Der Gallimarkt hat immer seinen Nachwuchs gehabt. Das war im 19. Jahrhundert so, als die Jungens schleunigst nach Hause mussten, wenn die Glocke der reformierten Kirche neun schlug

und sie wussten: „Schellen kreg wi so wi so all, viellicht ok noch
'n Klaps, aber is man eenmaal Gallmarkt – ausgeschimpft werden wir sowieso, vielleicht gibt's auch noch einen Klaps, aber
es ist eben nur einmal Gallimarkt im Jahr", erinnerte sich ein
Zeitgenosse 1921. Nachwuchs gab es sogar im Zweiten Weltkrieg,
als Kinder 1944 ein paar armselige Eisbuden umlagerten. In der
Nachkriegszeit folgten sie den Herolden, warteten ungeduldig
auf den vorgezogenen Schulschluss um elf Uhr, verdienten sich
beim Bauern ein paar Pfennige oder Mark Gallimarktgeld.
Und selbst im neuen 21. Jahrhundert, der Zeit der Computer,
des Fernsehens und der elektronischen Unterhaltung gehen sie
immer noch hin. So wie Nils (16) und Klaas (12) Weers aus Neermoor. Sie besuchen den Gallimarkt, „solange wir denken können", meint Nils. Und dann natürlich jeden Tag. Sie haben den
ersten Teil der typischen Gallimarkt-Karriere schon hinter sich:
Erst liefen sie mit Oma und Opa übern Markt, immerhin schon
abends, später in erster Linie mit Schulfreunden. Nils ist auch
regelmäßig mit seinen Leuten vom Boxclub unterwegs, am Donnerstag, dem ehemaligen Tag der Knechte und Mägde und dem
heutigen Tag der Behörden, Firmen und Vereine. Klaas muss in
der Woche um 18.30 Uhr zu Hause sein, Nils darf bis 21.30 Uhr –
am Freitag und Sonnabend kommt es nicht so genau darauf an,
denn dann übernachtet er bei einem Freund in Leer. Das Gal-
limarktfieber ist am Ubbo-Emmius-Gymnasium, das die beiden Brüder besuchen, nicht bei allen Klassenkameraden gleich
ausgeprägt. Manche können es aber kaum aushalten und laufen

schon in den Pausen rüber
und werfen einen Blick auf
den Markt. Der eine oder
andere muss allein schon aus
Geldmangel passen. Nils und
Klaas haben da mehr Glück:
Sie haben Tanten, Onkel und
andere Verwandte, die ihnen
Gallimarktgeld geben. Un-
aufgefordert. Am verrück-
testen ist Onkel Detlef. Der
ist gebürtiger Leeraner, lebt
jetzt in Stuttgart und kommt
jedes Jahr zum Gallimarkt
in seine Geburtsstadt. „Von

**Immer höher,
schneller, weiter:
Die neuen Fahrge-
schäfte sind meist
nur etwas für
junge Leute.**

dem haben wir das wohl geerbt", meint Nils. Auch der Onkel steuert natürlich ein paar Euro zur Gallimarktkasse der beiden Brüder bei.

Und die machen es so, wie Generationen von jungen Leuten vor ihnen: Beim Gallimarkt kommt es nicht so drauf an. Da kann es schon mal sein, dass während der fünf Gallimarkttage ein Hunderter durchgeht. Wer viel und gerne Karussell fährt wie Klaas, braucht das Geld auch. Denn es gibt kaum noch ein Fahrgeschäft, in dem die Runden weniger als zwei Euro kosten, die großen Attraktionen liegen im 500. Gallimarktjahr bei drei Euro oder mehr. Klaas spricht schon Wochen vorher mit seinen Freunden über den Gallimarkt. Wenn es so weit ist, beginnen die Tage erst mal mit der Schule. Denn den schulfreien Mittwoch zum Gallimarkt haben die Behörden längst abgeschafft. Auch die Sitte, wenigstens ab elf Uhr freizugeben, damit die Schulkinder die Gallimarkteröffnung an der Rathaustreppe miterleben können, ist nur noch mit Einschränkungen möglich: Nur wenn der Gang zum Gallimarkt zur Schulveranstaltung gemacht wird, ist es noch behördlich erlaubt. Immerhin kann der Herold bei seinen Schulbesuchen noch verfügen, dass die Lehrer keine Hausaufgaben aufgeben. Die Macht hat er. Die meisten Lehrer brauchen aber diese Aufforderung gar nicht. Am Mittwoch geht Klaas mit seinen Freunden nach der Schule erst einmal über den Markt. Dann fährt er mit dem Bus nach Hause, isst vielleicht ein bisschen und steigt wieder in den Bus nach Leer. Der kleine Bruder von Nils hat es vor allem mit den Karussells. „Wir fangen irgendwo an und gehen dann alles durch." Der Gallimarkt mag nicht der größte Jahrmarkt Deutschlands sein,

„Natürlich: Da wird aufgetakelt, die Haare müssen stimmen, und ich ziehe meine besten Klamotten an."

aber er ist doch so groß, dass Klaas und seine Freunde Schwierigkeiten haben, in den fünf Tagen alles zu schaffen. „Ich fände es besser, wenn der Gallimarkt sieben Tage dauern würde." Das hören die Schausteller übrigens gerne, die immer wieder den Vorschlag machen, den Gallimarkt zeitlich auszudehnen. Noch ist es aber nicht so weit. Und daher hat Klaas in den darauf folgenden Tagen jede Menge zu tun. Es sind ja nicht nur die Karussells. Da gibt es ja auch noch Wurfbuden und Schießstände, „auch wenn ich da nicht so geschickt bin". Zudem üben gebrannte Mandeln und Backfisch auf junge Leute wie Klaas und Nils noch ihren Reiz aus. Beim älteren Nils sieht der Gallimarkt-Alltag etwas anders aus. Natürlich probiert er auch die neuen und

alten Fahrgeschäfte aus. Aber ein 16-Jähriger hat doch schon andere Interessen. Während Klaas sich „ein bisschen" für den Gallimarkt fertig macht, achtet Nils doch schon sehr auf sein Äußeres. So, wie es die jungen Leute vom Land und aus der Stadt vor 50 oder 100 Jahren übrigens auch schon getan haben. „Natürlich: Da wird aufgetakelt, die Haare müssen stimmen, und ich ziehe meine besten Klamotten an", meint der 16-Jährige. „Und du riechst gut", meint sein kleiner Bruder. „Ja, das muss auch sein", lacht der Ältere. Die beiden teilen übrigens nicht nur ihre Gallimarkt-Leidenschaft, sie mögen sich auch wirklich. Ist bei Brüdern ja nicht immer so. Aber zurück zu Nils. Ihm geht es beim Gallimarkt schon mehr um die Leute. „Man ist immer wieder überrascht, wie viele man kennt, wenn man über den Gallimarkt geht." Oft beginnt der Marktgang beim Auto-Scooter, wo man guckt, quatscht und alles Mögliche tut, nur nicht Auto-Scooter fährt. Nils und seine Freunde schweifen auch schon mal zu den Verkaufsständen ab, den früheren „Billigen Jakobs", wo sie sich günstig den neuesten Gürtel besorgen. Und natürlich wird schon

Zwei Brüder, zwei Gallimarktfans: Nils (links) und Klaas Weers vor dem alten Marktplatz an der Waage.

169

mal das eine oder andere Bierchen getrunken. „Der Gallimarkt lebt in den Leuten, den alten Freunden, die man wiedertrifft, oder den früheren Klassenkameraden, die man sieht", meint Nils. Natürlich spielen auch Mädchen eine Rolle, wobei Nils auffällt, „dass die irgendwie besser organisiert sind und in größeren Gruppen über den Markt gehen". Irgendwann mischt sich das dann aber auch. Eben wie vor 50 oder 100 Jahren.

Klaas und Nils waren übrigens auch schon mal in Disneyland. Da gibt es noch mehr und noch größere Fahrgeschäfte. Aber da sind keine Freundinnen und Freunde. „Disneyland kommt nicht an den Gallimarkt heran. Überhaupt nicht." Der Gallimarkt muss sich anscheinend auch in seinem 500. Jahr keine Nachwuchssorgen machen.

Jugendvergnügen auf dem Gallimarkt 1957. Die Klasse acht des Teletta-Groß-Gymnasiums posiert zusammen mit Mathe-Lehrer Eduard Meyer und dem damals beliebten Eisbären vor dem Festzelt.

Aufschwung mit zwei Würstchen

Als Catharine Prahm im Jahr 1930 vier Jahre alt war, meinten ihre Eltern, Landwirte in Jemgum, dass sie nun groß genug sei, um mit zum Gallimarkt zu kommen. Sie hatte noch nie ein richtiges Karussell gesehen, noch nie einen Luftballon besessen oder einen Zauberer bewundert – und war daher gespannt wie ein Flitzebogen. Aber eine Rheiderländer Familie fuhr zu dieser Zeit nicht einfach los – sie zelebrierte den Gallimarktstart. Es begann damit, erinnert sich Catharine Prahm, dass die alte Kutsche von den Großeltern geholt wurde. „Die war schon etwas veraltet, und Mutter genierte sich ein wenig, aber es gehörte nun einmal dazu." Die Kutsche wurde geputzt, das Geschirr für die „alte Mähre" mit Schuhputzcrème poliert, bis es schwarz glänzte. Die Messingteile erfuhren eine Behandlung mit dem Reinigungsmittel Sidol, die Laternen wurden mit dem Brennstoff Karbid aufgefüllt. Eltern und Kinder zogen daraufhin ihre Sonntagskleidung an, das Beste, was sie hatten. Denn man wollte ja einen guten Eindruck bei den Städtern machen. Erst dann machte man sich an diesem Mittwoch, dem ersten Tag des Gallimarkts, auf den Weg. Denn der erste Tag gehörte den Bauern, den Buuren aus dem Rheiderland, ihren Knechten und Mägden.

Das Leder-Geschirr des alten Pferdefuhrwerks wurde für den Gallimarkt auf Hochglanz gebracht.

Weil die Emsbrücke trotz vieler, schon zu Beginn des Jahrhunderts gemachter Pläne erst zehn Jahre später fertig werden sollte, steuerten die kleine Catherine, ihre dreijährige Schwester – ja, die durfte auch schon mit – und die Eltern erst einmal die Leerorter Fähre an. Sie war die wichtigste der großen Flussfähren an Leda und Ems und existierte bereits, als es noch gar keinen Gallimarkt gab, also im Mittelalter. Während der Gallimarkttage hatte die Leerorter Fähre immer Hochbetrieb. Schon gegen Ende des 19. Jahrhunderts setzten die Fährleute während der Gallimarkttage täglich rund 5000 Menschen und hunderte von Pferden und Rindern über. Im Jahr 1930 waren es insgesamt 15 000 Menschen, zudem täglich 100 Autos, jede Menge Fahrrä-

**Die Gallimarkt-
frauen vom Hei-
matverein (stehend
von links):**
Lore Houtrouw,
Catharine Prahm,
(sitzend von links)
Helga Vogelsang
und Insa Strobel.

der und Motorräder – und natürlich Vieh, Pferde und Kutschen wie die von Catharines Eltern, die sich noch kein Auto angeschafft hatten, was damals ohnehin die Ausnahme war. Nach der glücklich überstandenen Fahrt brachte die „alte Mähre" die Jemgumer Familie über die Groninger Straße in die Stadt Leer hinein. Am Rheiderländer Hof, einer der bekanntesten Ausspannwirtschaften – dort konnte man seine Kutsche stehen und das Pferd versorgen lassen – , fuhr man vorbei, um die Kutsche und das Pferd bei Privatleuten unterzubringen. Damals war es so, dass viele Leeraner den Gallimarkt nutzten, um sich ein paar Mark nebenher zu verdienen. Das Unterstellen von Kutschen und Pferden war dabei nur eine Möglichkeit. Das Leerer Anzeigeblatt schimpfte beispielsweise 1860 darüber, dass offenbar „jeder, dem es beliebt, an den Markttagen sein Haus zur Schenke umwandelt". Nach dem Abspannen ging es endlich auf den Markt. Die kleine Catharine machte große Augen. Heute kann sie sich noch lebhaft an die damalige Zauberwelt erinnern, an Schiffsschaukel,

172

Kettenkarussell („das wurde uns damals ganz dramatisch geschildert"), Avus-Bahn (heute Auto-Scooter), Holz-Achterbahn. Und natürlich an die Schaubuden, vor allem an die Liliputaner, aber auch an die Wurfbuden, Losbuden und Schießbuden. Als die Rheiderländer Familie langsam müde wurde, steuerte sie für eine kleine Kaffeepause das Café Schlothmann an. Und auch dort brannten sich Gallimarkt-Eindrücke in das Gedächtnis der Vierjährigen ein. Das Café hatte nämlich einen Zauberer engagiert, der wundersame Sachen machte, Zigarren aus seiner Jackentasche zauberte und andere Kunststücke zeigte. Geld spielte an diesem besonderen Gallimarkttag keine Rolle. „Das kümmerte uns nicht, das machte Papa", erzählt Catharine Prahm.

Daran kann sich auch Dr. Gerhard Canzler erinnern. Der gebürtige Neermoorer, der heute in Norden lebt und bereits zahlreiche Bücher zur ostfriesischen Geschichte veröffentlicht hat, weiß noch, dass es für das Geldausgeben auf dem Gallimarkt in den 20er und 30er Jahren des 20. Jahrhunderts einen besonderen Ausdruck gab: „Verdibbeln". Irgendwie hieß das auch, Geld verschwenden,

Für die Stadtkinder bedeutete der Gallimarkt auch, dass wieder die Wintersachen angezogen werden mussten.

„aber es war positiv gemeint, Verdibbeln war etwas Schönes". Für einen Neermoorer Jungen hatte der Rückweg in dieser Zeit zwar nicht das Fährerlebnis zu bieten, dafür aber einen Abstecher zur Gaststätte Barkei. „Die hatten damals einen kleinen Zoo", sagt Canzler.

Für die Rheiderländer Landwirtstochter ging der Gallimarktstag dafür mit einem Luftballon zu Ende, den ihr die Eltern kauften. Rot war er. Im Zimmer hing er an der Decke. Und weil die kleine Catharine weder einen Luftballon kannte noch die physikalischen Gesetzmäßigkeiten, denen er folgte, kam es, wie es kommen musste: Am Tag nach dem großen Gallimarkttag nahm Catharine Prahm den Luftballon mit nach draußen, ließ ihn los – und starrte ihm entsetzt nach, wie er immer höher stieg und im ostfriesischen Himmel verschwand. „Ich habe fürchterlich geheult", weiß Catharine Prahm im 500. Jahr nach der Gründung des Gallimarkts. Aber ihren ersten Gallimarkt hat sie auf diese Weise nicht vergessen. Später fuhr sie mit dem Fahrrad zum Gallimarkt. Sie lernte die Gesetzmäßigkeiten kennen, denen der Gallimarkt seit Jahrhunderten folgte: „Mittwoch war Buurenmarkt, donnerstags Dennstenmarkt für die Dienstboten und freitags Oll-wieven-Markt für die Familien aus der Stadt." Sie

war beeindruckt vom Stehgeiger im Rheiderländer Hof, wusste vom großen Tanzabend der Bauern am Mittwoch, dem Buurenball, der erst im Gasthof Martini stattfand, später bei Barkei. Freitags gab es zudem den „Boekhoffschen Ball" im Schützengarten in der Heisfelder Straße, wo lange auch das Heimatspiel zum Gallimarkt gespielt wurde.

All das fand 1939 ein Ende. Beim Ausbruch des Zweiten Weltkriegs war Catharine Prahm zwölf Jahre alt. Auch in den ersten Kriegsjahren gab es noch einen Gallimarkt, aber er war so eingeschränkt, dass Prahms Erinnerungen daran verblasst sind. Etwas anders erlebte Lore Houtrouw den Gallimarkt. Sie wohnte damals in der Neuen Straße, einen Steinwurf vom Gallimarkt entfernt. „Einen solchen Stellenwert wie bei Catharine hatte der Gallimarkt für uns nicht. Aber er gehörte natürlich dazu." Für das Stadtmädchen bedeutete der Gallimarkt erst einmal, dass sie Wintersachen anziehen musste. Das hatte sich also in den ganzen Jahrhunderten seit 1508 nicht geändert: Der Tag des heiligen Gallus war seit Generationen der Tag, an dem der Winter kommen konnte, an dem die Ernte eingebracht und das Vieh im Stall sein sollte. In ihren Winterklamotten ging Lore natürlich auch in die Karussells, aber sie tat es manchmal mit gemischten Gefühlen. „In einem Karussell lief das Pferd in der Runde und tat mir so leid." Bei den Schlickereien hatte sie keine Gewissensbisse. Sie liebte vor allem die Mandelstangen, die immerhin fünf Pfennig kosteten. 50 Pfennig Marktgeld gab es damals, in den 30er Jahren. Manchmal hatte man Glück und traf den Freund des Großvaters auf dem Markt, und der steckte einem noch mal 50 Pfennig zu. Damit konnte man schon etwas anfangen. Fünf Pfennig kosteten die Schlickerstangen, fünf Pfennig Meyers Karussell mit dem Spitznamen „Nüttnütt", 20 Pfennig musste man für die Achterbahn ausgeben, sagt Lore Houtrouw. Wenn man nicht nur den Freund des Großvaters traf, sondern auch in jene Schule ging, die die heiß begehrten Kinder der Schausteller besuchten, die ab und zu mal Freikarten verteilten, war das Glück vollkommen.

Helga Vogelsang hatte in der Nachkriegszeit zwei Mark für den Gallimarkt – und brachte 60 Pfennig wieder mit nach Hause.

Nach dem Zweiten Weltkrieg berappelte sich der Gallimarkt schnell wieder. Aber was anfangs fehlte, war das Geld. Die Leeranerin Helga Vogelsang, Jahrgang 1940, weiß noch, wie sie versuchte, Geld zu verdienen. Kinder und Jugendliche halfen damals beim Bohnenpflücken und beim Kartoffelroden, um das Taschengeld aufzubessern. Vogelsang hatte es weniger auf die Schlickerstangen abgesehen, sondern mehr auf Sprungfedern, Viktoria und Berliner – auch im 500. Jahr Klassiker auf dem Markt. Und Würstchen. Zu Hause gab es ab und zu mal Würstchen, aber immer nur eins. Auf dem Gallimarkt, das war das Besondere, durfte sich Helga zwei Würstchen mit Brötchen leisten – ein Festmahl. Wer nicht so viel Geld hatte, ging zum Pferdeschlachter. Er ist heute noch ein Stammgast auf dem Markt. Helga Vogelsang hat noch die Summe von zwei Mark im Kopf, die sie in einem der Nachkriegsjahre für den Gallimarkt zur Verfügung hatte. Und sie schaffte es nicht, sie auszugeben, brachte

Marktnotiz:

100 Jahre alt

Gebkea Christians aus Weenermoor war seit 20 Jahren nicht mehr auf dem Gallimarkt, machte aber 1955 einen neuen Versuch. Das Besondere daran: Sie war 100 Jahre alt und damit wohl die älteste Gallimarktbummlerin aller Zeiten. Sie freute sich besonders über das alte Pferdekarussell aus ihrer alten Zeit.

Marktnotiz:

„Freut Euch des Lebens"

In der Nachkriegszeit wurde es Sitte, dass die Stadtführung den Leeranern per Zeitungsanzeige ein „frohes Fest" wünschte, womit natürlich nicht Weihnachten, sondern der Gallimarkt gemeint war. Der Aufruf von Bürgermeister Hermann Uebel und Stadtdirektor Dr. Hermann Bakker hörte sich 1957 so an: „Fünf Tage voll Frohsinn und Freude warten auf uns! Nutzet die Tage und freut Euch des Lebens! Hiesige und fahrende Geschäfte wetteifern miteinander, allen Ansprüchen gerecht zu werden und viele Wünsche zu erfüllen. Rat und Verwaltung der Stadt wünschen allen Bürgern und Besuchern erfolgreiche und frohe Festtage."

60 Pfennig wieder mit nach Hause. „Zweimal Schiffsschaukel, einmal Avus-Bahn, einmal Kettenkarussell, danach konnte man schon nicht mehr."

Die gebürtige Hamburgerin und in Ditzum aufgewachsene Insa Strobel ging in Leer auf das Teletta-Groß-Gymnasium und hatte ebenfalls anfangs mit Geldproblemen zu kämpfen. „Mit ohne Geld war ich nachmittags auf dem Gallimarkt." Später wurde es etwas besser, vor allem, wenn sie mal bei der Oma in Leer übernachten konnte und nicht erst aus Ditzum anreisen musste. Und dann kamen ja auch langsam die Jungens ins Spiel. „Wir gingen als Mädchengruppe los, irgendwann trafen wir uns mit den Jungengruppen, und dann mischte sich alles", erzählt Strobel. Das erinnert doch sehr an die Polderknechte und Poldermägde aus dem Rheiderland, die in ihren Trachten und Jacken mit den roten Aufschlägen zwar Arm in Arm, aber anfangs doch in nach Männlein und Weiblein getrennten Gruppen über den Gallimarkt spazierten, bevor sie sich dort trafen – und mischten.

Ob Prahm, Houtrouw, Vogelsang, Strobel oder Canzler: Den modernen Gallimarkt mögen sie nicht mehr so gerne, auch wenn er noch alte Karussells, Sprungfedern und Schlickerstangen bietet. Aber er ist ihnen einfach zu voll und zu laut. So voll, dass man von der Menge geschoben wird, so laut, dass Drehorgelmusik, Chöre und Karussellgedudel sich zu einer musikalischen Lautmasse vermengen – das war genau das, was immer zum Gallimarkt gehörte, und das die jungen Mädchen Prahm, Houtrouw, Vogelsang, Strobel und den jungen Canzler vor rund 70 Jahren mit Sicherheit gar nicht störte. Es gibt auch Leeraner, die im hohen Alter nicht von der Droge Gallimarkt lassen konnten: Catharine Prahm erzählte das Beispiel einer Verwandten, die sich regelmäßig vom Altenheim zum Riesenrad bringen ließ und eine Fahrt machte, um zu sehen, „ob es noch geht". Erst im Alter von 86 Jahren ging es zum letzten Mal.

Ein Hauch von großer Welt – die Leeraner Reeder

Obwohl Leer von zwei großen, schiffbaren Flüssen umgeben ist, die obendrein nicht weit von der See entfernt sind, hatten die Leeraner mit der Schifffahrt anfangs wenig im Sinn. Die ersten Leeraner waren Bauern und Fischer. Zwar existierte schon im 15. Jahrhundert eine einfache Anlegestelle in Höhe der Waage, aber die Leeraner waren im Jahr 1508, als der Gallimarkt gegründet wurde, immer noch ein zwar wachsendes Völkchen, aber größtenteils auf Landwirtschaft und Flussfischerei beschränkt. Mit dem Aufschwung des Handels durch den Gallimarkt sollte sich das ändern.

Zur 500-Jahr-Feier des Gallimarkts buchten die Reeder fast 1000 Zimmer für ihre Gäste aus aller Welt.

Denn der wachsende Strom von Waren von und nach Leer war allein über das bis weit ins 18. Jahrhundert hinein schlechte Wegenetz nicht zu bewältigen. Der Flecken Leer verlagerte daher sein Zentrum vom Westerende und der Kaakspütte ans Waageufer. Dafür gibt es auch eine konkrete Jahreszahl: 1551 war das neue Waage-Gebäude am Leda-Ufer fertig. Seitdem wurden alle wichtigen Rohstoffwaren ab einer gewissen Menge und einem gewissen Gewicht am Ufer gewogen. Und daher wird sich der Handel und damit das Leben in Leer dort abgespielt haben, wo heute der Eingang zum Gallimarkt ist – am Rathaus.

Es dauerte noch ein wenig, bis sich die Leeraner nicht mehr darauf beschränkten, fremde Schiffe zu beladen und zu entladen, sondern selbst Handel betrieben. 1568/69 bezogen Leeraner Kaufleute erstmals Waren aus Amsterdam, aus dem Jahr 1590 ist bekannt, dass ein Schiff mit dem Heimathafen Leer Pferde nach Spanien, Salz in die Ostsee brachte und mit Roggen zurückkehrte. Das waren die ersten Leeraner Reeder. Gehemmt wurden sie nur durch das Emder Stapelrecht, das vorschrieb, dass alle Schiffe, die an Emden vorbeifuhren, ihre Waren in Emden anbieten oder einen hohen Sonderzoll zahlen mussten. Das beschränkte den

Seehandel und führte dazu, dass sich Leer nur zu einem Binnenhafen entwickelte, bis das Stapelrecht in mehreren Schritten zwischen 1749 und 1842 fiel. Im Laufe der nächsten Jahre nahm die Schifffahrt einen rasanten Aufschwung. 1840 schlugen 1249 Schiffe noch 46 284 Tonnen um, 1860 waren es 3656 Schiffe mit 88 444 Tonnen. Sie brachten Textilien, Baumwolle, Chemikalien, Metallwaren, Maschinen, Baumaterialien, Glas und nahmen Getreide, Hülsenfrüchte, Schinken, Käse, Lumpen, Dachziegel, Mauersteine, Zichorienwurzeln, Honig, Wachs, Gusseisen, Torf und Butter mit. Für Butter war Leer damals der Hauptausfuhrhafen. Weil die Emder zugleich immer mehr darunter litten, dass ihr Hafen an einem verlandenden Seitenarm der Ems lag, gelang es Leer phasenweise, den Emder Hafen zu überflügeln. Emden stellte die alten Machtverhältnisse erst wieder her, als die Stadt durch umfangreiche Einpolderungen Ende des 19. Jahrhunderts und schließlich durch den Bau der damals weltgrößten Seeschleuse 1913 den Hafen an den seeschifftiefen Hauptarm der Ems vorschob. Auch die Gründung der Leeraner Heringsfischerei-Aktiengesellschaft 1905 konnte den Leeranern die alte Stellung aus der zweiten Hälfte des 19. Jahrhunderts nicht mehr verschaffen. Nach dem Zweiten Weltkrieg war die Leeraner Heringsfischerei ähnlich wie die Emder nicht mehr in der Lage, auf dem Weltmarkt mitzuhalten und gab schließlich auf. Der Hafen macht im 500. Gallimarkt-Jahr weiterhin Sorgen, die

Die ersten Leeraner Reeder schickten in der zweiten Hälfte des 16. Jahrhunderts Schiffe in die Welt.

Marktnotiz:

Bunt

Seit dem Zweiten Weltkrieg lockten vor allem die großen Fahrgeschäfte die Menschen an. Dennoch ist der Gallimarkt immer noch sehr bunt. Ein Beispiel aus dem Jahr 1961: Da kam unter anderem „Showmaster Wille direkt von den Canstatter Wasen mit seiner Südeseeschau und seinen Hula-Hula-Mädchen", die Boxbude wurde aufgebaut, erstmals präsentierten sich die wilden Fahrgeschäfte „Zyklon" und der „schiefe Turm".

seit den 80er Jahren durch die anhaltende Verschlickung der Ems wachsen. Zeitweise konnten Schiffe mit einem Tiefgang von fünf Metern, die im 19. Jahrhundert problemlos nach Leer fahren konnten, den Hafen nicht mehr erreichen. Dennoch hat der Name Leer seit den 80er Jahren wieder einen Klang in Schifffahrtskreisen. Im 500. Gallimarkt-Jahr ist Leer nach einer beispiellosen Erfolgsgeschichte einiger risikobereiter Leeraner Seefahrtsschüler und Unternehmer der zweitgrößte Reederstandort. Die Schiffe der Leeraner Reeder befahren die ganze Welt.

Die Handelspartner und Mitarbeiter der Niederlassungen kommen seit Jahren zum Gallimarkt nach Leer – um geschäftliche Gespräche zu führen und zu feiern. Für die 500-Jahr-Feier mussten die Reeder Quartiere für 880 Gäste aus Japan, Korea, Argentinien und vielen anderen Ländern, aber auch aus deutschen Ree-

Um 1900, als dieses Foto entstand, kämpfte Leer noch mit Emden um die Vormachtstellung als Seehafen. Dieses Rennen verloren die Leeraner. Aber die Leeraner Reeder brachten seit den 80er Jahren neuen Schwung für den Hafen.

Die mit dem Hut haben das Sagen: Gastgeber Heiko Luikenga (links, Ems Shipping & Trading) und Roelf Briese (Briese Schifffahrt) bei einer Gallimarkt-Party der Reeder mit Gästen und Geschäftspartnern aus aller Welt 2006.

derei-Standorten wie Hamburg besorgen. Weil die „liebe, kleine Stadt" nicht genügend Hotelzimmer hat, wichen sie bei der Hotelsuche bis nach Aurich und Meppen aus. Das klingt ähnlich wie ein Bericht vom Gallimarkt 1924, als es am zweiten Tag so voll war, dass 900 Gäste nach Emden fahren mussten, um dort zu übernachten. Und so spannt sich ein allerdings mehrfach unterbrochener Bogen von der Leeraner Schifffahrt zum Gallimarkt. Einer dieser erfolgreichen Reeder ist der in Ditzum als Sohn eines Fischers geborene Roelf Briese. Der Gallimarkt war für den jungen Roelf in den 50er und 60er Jahren Pflicht, auch wenn die Sache für einen Ditzumer nicht so einfach war: Spätestens um 18.50 Uhr war Schluss, „denn dann fuhr der Bus". Als er älter war, fuhr er mit dem Fahrrad zum Gallimarkt – immerhin mehr als 20 Kilometer. Der Auto-Scooter ist ihm noch in Erinnerung. „Natürlich guckten wir auch nach Mädchen." Sehr lange währte Brieses Gallimarkt-Phase jedoch nicht, denn nach dem Abitur zog es ihn gleich zur See. Der Gallimarkt wurde erst in den 80er Jahren wieder ein Thema, als aufstrebende Reedereien wie Briese, Hartmann und Buss sich gründeten oder einen Aufschwung erlebten, dessen Ende noch nicht absehbar ist. Alleine diese drei Reedereien haben im 500. Gallimarkt-Jahr rund 240 Schiffe bestellt. Dadurch wird die derzeit mehr als 300 Schiffe starke Flotte der mittlerweile 16 Leeraner Reeder in den kommenden Jahren noch einmal kräftig aufgestockt werden.

Diese mehr als 300 Schiffe steuern allerdings nicht Leer an, sondern kreuzen auf den Weltmeeren. Ihren Sitz haben die Reedereien, die 400 Menschen an Land und rund 5000 auf See beschäftigen, aber größtenteils auf der Nesse in Leer oder in der Nähe. Ein Teil von ihnen hat Neubauten im Stil von Hafenspeicherhäusern errichtet, damit das Stadtbild Leers nachhaltig verändert und aufgewertet. So wurde er doch noch wahr, der Traum des unglücklichen Bürgermeisters Dr. Erich vom Bruch, der in den 20er Jahren die Umwandlung der Halbinsel zu einem neuen Wirtschaftszentrum der Stadt Leer mit erheblichen Investitionen vorantrieb, dabei Weitblick bewies, aber wegen der wirtschaftlich und politisch unruhigen Zeiten die Früchte seiner Arbeit nicht mehr ernten konnte.

Aber zurück zum Gallimarkt und den Reedereien: 1986 traf man sich zum ersten Mal im Leeraner Ratskeller, um zu fachsimpeln und zu feiern. Beim Gallimarkt-Treffen blieb es in den folgenden Jahren, aber je mehr Schiffe die Leeraner Reeder in die Welt schickten, desto mehr Gäste, Freunde, Geschäftspartner und Mitarbeiter feierten mit, erst in Restaurants, dann auf dem Ausflugsschiff „Warsteiner Admiral", das seinen Liegeplatz am Waage-Ufer hat. Weil das alles nicht mehr reichte, bauten die Reeder für die Gallimarkttage eine kleine Zeltstadt an der Hafenstraße auf, wo sie seitdem ihre Gäste bewirten und unterhalten – alles mit Blick auf den Gallimarkt, den die Gäste aus aller Welt nur zu gern besuchen. Im Jahr 2007 war der bisherige Höhepunkt mit 720 Gästen aus 61 Nationen erreicht – ein Hauch von großer Welt wehte durch Leer. Das Ganze hat eine Eigendynamik entwickelt, die Briese mit der

Marktnotiz:

Schnell gelöscht

1967 kam die Feuerwehr ins Schwitzen: Bei der Leeraner Firma Oscar Stephan brannte es während des Gallimarkts, und das Feuer drohte auf Marktbuden überzugreifen - ein Alptraum. Aber der Brand konnte schnell genug gelöscht werden. Eine ernstere Situation hat es vorher und nachher nicht mehr gegeben.

besonderen Atmosphäre des Gallimarkts erklärt. „Wir müssen die Leute gar nicht mehr einladen, die wissen, wann Gallimarkt ist und melden sich einfach immer wieder an." Manche bleiben zwei Tage, manche fünf. Dabei sind Vertreter von Agenturen, Reedereien, Befrachtern und Werften. Sie führen natürlich geschäftliche Gespräche, aber sie besuchen auch den Markt „und spüren die besondere Atmosphäre des Gallimarkts. Sie haben das Gefühl, sie gehören dazu", meint Briese. Die von den Leeraner Reedern gecharterten Busse fahren jedenfalls tagelang hin und her. Und dabei ereignen sich natürlich viele Geschichten. „Ich kenne schon so einige, die sich hier getroffen haben und ein Jahr später verheiratet waren." Und so schließt sich der Kreis wieder: In gewisser Hinsicht ist der Gallimarkt also 500 Jahre nach seiner Gründung immer noch ein Heiratsmarkt.

Wo der Wirt die Gattin anruft

Beweise gibt es nicht. Aber bäuerliche Märkte wie der Gallimarkt bestanden vom ersten Tag an nicht nur aus dem Handel, sondern auch aus dem Drumherum, für das Gaukler, Quacksalber, Musiker und die Anbieter von Essen und Trinken sorgten. Gerade das Trinken spielte immer eine große Rolle. Zwar distanzierten sich die feineren Leute immer wieder vom trinklustigen Volk. Aber es ist wohl eine Tatsache, dass Wirtshäuser und die so genannten Sudelzelte, in denen es auf Jahrmärkten Alkohol gab, schon immer Stammgäste hatten. Und zwar viele. Im 500. Gallimarktjahr hat sich daran wenig geändert: Das „Schwarzwaldhaus" als Treffpunkt vieler heutiger und ehemaliger Leeraner ist nur ein Beispiel für ein modernes Wirtshaus, an dem sich die Massen zeitweise so drängen, dass der ganze Weg versperrt ist.

Neben dem Trinken und Feiern auf dem Markt gibt es aber auch ein Trinken und Feiern im Anschluss an den Markt. In den ersten regelmäßigen Zeitungsberichten über den Gallimarkt seit Mitte des 19. Jahrhunderts spielen daher die Gaststätten neben dem Vieh, den Pferden, dem Geschäft der Aussteller und Verkäufer, dem Wetter, den Fährgästen und den Taschendieben immer eine große Rolle. Im Jahr 1884 werden im Zusammenhang mit dem Gallimarkt erwähnt: „Lösch's Etablissment", Vöschen, Ammermann, Eilermann, „Zum Deutschen Kaiser", Hemken, „Wohler's Restauration", van Mark und Bordeaux („Waage"). Nach dem 1894 abgeschlossenen Neubau des Rathauses kam der Ratskeller hinzu. Alle anderen genannten Gasthöfe wechselten im Laufe der vergangenen 100 Jahre ihren Namen. Heute heißen die beliebten Gallimarktkneipen neben dem Ratskeller „Central-Hotel", „Haus Hamburg" oder „Zur Leda". Getanzt wird nicht mehr bei Lösch, in der ersten Etage der Waage, im „Central-Hotel", im „Rheiderlän-

Marktnotiz:

Literweise Bier

1987 gab es zum ersten Mal eine Schätzung, wieviel Bier auf dem Gallimarkt getrunken wird. Man kam auf eine Zahl von 20 000 bis 25 000 Litern. Das Bier, das in den Altstadtkneipen zu Gallimarktzeiten ausgeschenkt wird, ist darin natürlich nicht enthalten.

Im 500. Gallimarktjahr der Wirt des Ratskellers: Rainer Schäfer.

der Hof" oder im „Fischerschen Gasthof", sondern im Zollhaus, das aber die Rolle einer Diskothek spielt und mit den gediegenen Tanzlokalen von einst nicht mehr viel zu tun hat. Der Ratskeller behielt seinen Namen. Die Räumlichkeiten haben sich kaum verändert, nur dass im Laufe der Zeit das Gefängnis aufgelöst wurde. Dort sind jetzt die Damentoiletten des Ratskellers, der immer noch in einem besonders engen Zusammenhang mit dem Gallimarkt genannt wird.

Der Wirt des Ratskellers im 500. Gallimarktjahr ist Rainer Schäfer. Er geht in sein 14. Jahr als Wirt des Ratskellers, den er von der Stadt gepachtet hat. Der Gallimarkt ist rot in seinem Terminkalender angestrichen. Denn vor und nach dem Markt und natürlich auch während des turbulenten Geschehens in der Altstadt gehen die Uhren des Ratskellers anders als sonst im Jahr. Schon bevor Schäfer den Ratskeller übernommen hatte, bot die Gaststätte während der Markttage Programm – und setzte damit eine alte Tradition fort. Denn seit der Mitte des 19. Jahrhunderts reichte es nicht mehr, dass die Lokale gutes Essen und Trinken

184

anboten. Obwohl das auch wichtig war, wie ein Rückblick auf das Ende des 19. Jahrhunderts beweist. Da gab es bei Lösch dicke Königsberger Bollen mit Kapern, knusprig gebackene Krickenten, Störfisch und Helgoländer Schellfisch, das Hotel Kleihauer servierte Schnippelbohnen mit Mettwurst, Eisbein mit Sauerkraut, updrögt Bohnen mit Kassler und Speck.

Aber das war nur eine Grundlage. Am Nachmittag und Abend mussten die Lokale ein Programm bieten. Vor dem Deutschfranzösischen Krieg 1870/71 spielten die Kapellen mit Geige, Flöte und Harfe, vor dem Ersten Weltkrieg tanzte man zu Walzer und Polka, nach dem Ersten Weltkrieg hielt das Varieté der goldenen Weimarer Jahre Einzug in die Lokale, wobei jede Gaststätte in bestimmten Phasen ein Stammpublikum hatte. Im Ratskeller hielt Alleinunterhalter Percy diese Tradition aufrecht, bis Schäfer auf die Idee kam, etwas mehr auf das junge Publikum zu setzen. Er engagierte einen Discjockey. Seitdem geht es im Ratskeller rund. So rund, dass Schäfer und sein eingespieltes Team manchmal selber nicht mehr so richtig wissen, wo oben und unten ist. Ein Phänomen ist ihm in den vergangenen 14 Jahren schon aufgefallen: „Mittwochs, donnerstags und freitags kommt immer ein anderes Publikum. Und an jedem Tag sitzen dieselben Leute zur selben Zeit mit demselben Getränk am selben Platz wie im Jahr davor." Wenn der Platz noch da ist.

So richtig Stimmung kommt in den Ratskeller eigentlich erst, wenn der Markt schließt. Da hat sich das Verhalten der Gallimarktbesucher im Ratskeller in den vergangenen 100 oder 200 Jahren doch etwas geändert. Früher ging man über den Markt und „kehrte ein", wenn man keine Lust mehr hatte. Dabei gab es einen ganz bestimmten Mechanismus: Bei gutem Wetter waren der Markt voll und die Lokale leer, bei Regen, Sturm und Kälte waren der Markt leer und die Lokale voll. Im Ratskeller des Jahres 500 nach Edzards Gallimarkt-Gründung ist es bei Regen natürlich auch voll, „aber bei gutem Wetter auch. Nur ist dann die Stimmung noch besser", meint Schäfer. Apropos Stimmung: Wenn sich das Lokal füllt, testet Discjockey Uwe erst einmal den Geschmack des aktuellen Publikums, indem er ein paar Stücke spielt. Und

Marktnotiz:

Fliegender Teppich

1980 wurde das Fahrgeschäft „Fliegender Teppich" von einem Pastor auf dem Gallimarkt geweiht. Die Leeraner freute das besonders: Es handelte sich nämlich um ein Oldenburger Fahrgeschäft, dessen Besitzer den Gallimarkt dem Oldenburger Kramermarkt vorzog.

wenn er merkt und sieht, „dass die Knie anfangen zu wackeln", dann macht er in dem Stil weiter. Natürlich spielt er auch die großen Party-Hits.

Die ganze Mannschaft hat in den vergangenen Jahren viel dazugelernt. Uwes Vorgänger weiß jetzt, dass es ungünstig ist, am Sonnabendabend über die Dr.-vom-Bruch-Brücke zum Ratskeller zu fahren. Denn vor, während und nach der beliebten Lampionfahrt ist es nicht nur voll, sondern die Brücke ist auch hochgeklappt, was ein Durchkommen auch ohne Auto zu einem hoffnungslosen Unterfangen macht. In diesem Jahr begann die Party im Rathaus eben später. Wirt Schäfer hat gelernt, dass es vergebliche Liebesmüh ist, den ausgelassen feiernden Gästen die Getränke in echten Gläsern zu servieren. „Was unbescholtene Bürger nach einem fünften Glas Bier anstellen, glaubt man nicht." Als in einem Jahr von 200 Gläsern kein einziges mehr heile blieb, stellte der Ratskeller zu Gallimarktzeiten auf Plastikbecher um. Schäfer lernte auch, dass es ungünstig ist, Tische während der Gallimarkttage im Lokal aufzustellen. Er traute seinen Augen kaum, als

Erst waren in den Lokalen Geige, Flöte und Harfe zu hören, später tanzte man zu Polka und Walzer, heute macht ein Discjockey die Musik.

ein paar gut gelaunte Gäste zwei Tische übereinander stellten und auf der wackligen Anhöhe tanzten. Seitdem steht kein Tisch mehr im Ratskeller zur Gallimarktzeit. Das macht es den Leuten schwerer, an den Kronleuchter zu springen. Denn auch dieses Verlangen haben Gäste mindestens einmal pro Gallimarkt.

Spätestens bei solchen Kapriolen ist man beim Thema Alkohol angelangt. Schäfer lebt zumindest während des Gallimarkts davon, dass er Alkohol verkauft. Aber manchmal geht es ihm ein bisschen zu weit. „Das Trinken ist schlimmer geworden, die Aggressivität hat zugenommen." Das ist ein Grund dafür, dass der Eingang des Ratskellers mittlerweile von professionellen Sicherheitsleuten bewacht wird. Im Innern sind in Extremsituationen Schäfers Mitarbeiter gefragt. Zum Beispiel Toilettenfrau Erika de Vries. Sie sorgt nicht nur dafür, dass die Toiletten auch am späten Abend noch begehbar sind, sie greift auch schon mal in einen Streit zwischen giftigen Frauen ein, sperrt ein Streithuhn auf der Toilette ein und beruhigt die übrigen Hühner. Lieber sind dem Ratskeller-Team, das seit Jahren in einer Stammbesetzung die Gallimarkt-Lawine erwartet, andere Gäste. Die trinken auch gerne und viel, halten sich aber an Spielregeln. So wird das Geld für eine Runde häufig durch zahlreiche Hände zur Theke gereicht, und das Wechselgeld kehrt durch ebenso viele Hände zurück, ohne dass ein Cent fehlt. Und richtig rührselig sind die Gäste, deren Zunge schwer geworden ist und die vorsorglich einen Zettel mit der Telefonnummer von zu Hause in der Tasche haben. Es reicht noch dazu, ihn hervorzuholen und Schäfer unter die Nase zu halten. Der versteht, ruft an, und ein

Eine typische Zeitungsanzeige einer Gaststätte zur Gallimarktzeit am Ende des 19. Jahrhunderts. Damals waren gerade Kegelbahnen in Mode.

paar Minuten später wird der Gast abgeholt und nach Hause gebracht. Es gab schon Gäste, die am anderen Tag in den Ratskeller kamen, um sich für den Sonderservice zu bedanken. Bleibt die Frage, warum sich Wirte wie Rainer Schäfer und seine Kollegen vom Gasthof „Zur Leda", vom „Haus Hamburg" oder vom „Central-Hotel" so etwas antun, wobei jedes dieser Lokale eine eigene Atmosphäre und ebenfalls ein Stammpublikum hat. Diese Frage stellten sich wahrscheinlich auch die Vorfahren vom „Etablissement Lösch", vom „Gasthof Haase", von den Cafés „Viktoria" und „Oranien", vom Hotel „Deutsches Haus", vom längst abgerissenen Bahnhofshotel oder vom „Gasthof Europa", um nur einige Lokale aus dem Jahr 1921 zu nennen. Vielleicht liegt eine Antwort in der Art und Weise, wie der Gallimarktsonntag im Ratskeller abläuft. An diesem Tag ist nämlich geschlossen. Dann lädt Schäfer seine Mannschaft, die übrigens fast nur aus Frauen besteht, zum späten Frühstück ein. „Ich koche was Leckeres, und wir unterhalten uns. Abends gehen wir dann über den Gallimarkt. Dazu lade ich alle ein." In den nächsten Tagen wird saubergemacht. Danach beginnt wieder der Alltag. Bis es knapp ein Jahr später wieder heißt: „Is man eenmaal Gallmarkt."

Schlusswort

Am Anfang dieses Buchs stand die Frage: Was ist am Gallimarkt so besonders? Darauf gibt es viele kleine Antworten. Zum Beispiel dieses Phänomen, dass viele Schausteller mit dicken Fahrgeschäften und kleinen Schaubuden im Oktober nach Leer kommen, weil sie dort besonders gut verdienen können. Wenn ausgerechnet die armen Ostfriesen so viel Geld auf einem Jahrmarkt ausgeben, dann ist ihnen der Gallimarkt offenbar sehr wichtig. Wichtiger als anderen und anderswo.

Die wenigsten Menschen kommen heute zum Gallimarkt, um eine Kuh zu kaufen. Oder um sich für den Winter mit Kleidung zu versorgen. Aber wenn sie wollen, dann können sie das immer noch. Wie vor 500 Jahren. Und auch das scheint ihnen wichtig zu sein. Darum bringt der Landwirt seine Kuh zum Gallimarkt, auch wenn er sie vom Händler abholen lassen könnte. Darum stehen Mama, Papa, Oma, Opa, Lehrerin und Schüler am Mittwoch ganz früh auf, um den Gestank von feuchtem Heu, Kuhfladen, Alkohol, Schweiß und Bratwurstgrill zu genießen.

Die Besucher wissen durch die Tageszeitung ganz genau, wann der Gallimarkt beginnt. Aber sie wollen es noch einmal von dem Herold hören. Sie mögen plattdeutsches Theater vielleicht gar nicht und wären doch enttäuscht, wenn es das Heimatspiel nicht mehr gäbe. Sie tun so, als seien Fischbrötchen, Berliner und Bratwurst Delikatessen, die es nur beim Gallimarkt gibt. Sie hassen Gedränge, Geschiebe und Enge, gucken aber ganz hilflos, wenn am Mittwochabend Lücken zwischen den Besuchern sind.

Und sie wollen alles zusammen machen können: Viehmarkt besuchen, Riesenrad fahren, dem Klassenkameraden von einst ein Bier spendieren, Pferderennen spielen, vergeblich auf das fünfte Gewinnlos warten, das Feuerwerk sehen, die Lampionfahrt erleben, das plattdeutsche Theaterstück besuchen und nach dem Markt in die Kneipe gehen. Das geht natürlich nicht. Aber man kann es sich vorstellen. Allerdings nur auf einem Jahrmarkt, bei dem alles dicht zusammen und obendrein in der Altstadt liegt.

Wer herausbekommen will, warum der Gallimarkt alljährlich 500 000 Menschen an fünf Tagen in eine 35 000-Einwohner-Stadt sorgt, der muss die Puzzleteile aus diesem Buch zusammensetzen. Und wehe, eins davon fehlt irgendwann einmal.

Dankeschön

Einige Menschen haben so viel zu diesem Buch beigetragen, dass sie sich einen besonderen Dank gefallen lassen müssen: Menna Hensmann, Archivarin der Stadt Leer, für anregende Diskussionen, wichtige Tipps, das Heraussuchen der richtigen Bücher und Dokumente und den täglichen Becher Kaffee mit Milch. Dr. Gerhard Canzler, gebürtiger Neermoorer und heutiger Norder, für das Öffnen seines kleinen, aber feinen Fotoarchivs. Insa Strobel vom Heimatverein Leer für das Gruppenbild mit dem Eisbären und die richtige historische Einordnung ostfriesischer Verhaltensweisen. Antje de Vries für den Nachhilfeunterricht in plattdeutscher Sprache. Gabi Boschbach, Petra Herterich und Uwe Heitmann aus der OZ-Redaktion für das Herausfiltern von Tippfehlern, grammatikalischen Unzulänglichkeiten und schwer verdaulichen Satzkonstruktionen. Und natürlich allen Interviewpartnern, ohne die die Puzzleteile für das große Bild „Gallimarkt" nie zusammengekommen wären.

Quellen und Literatur

Quellen:
Robra, Günther: 123 Jahre Selbstverwaltung im Flecken Leer nach den Resolutions-Protokollen der Schüttmeister von 1686 - 1809, Leer 1995.

Tageszeitungen:
Leerer Anzeigeblatt 1860 bis 1935
Ostfriesische Tageszeitung 1935 bis 1944
Nordwest-Zeitung 1946 bis 1949
Ostfriesen-Zeitung 1950 bis 2007

Sekundärliteratur
Canzler, Gerhard: Leer um 1900, Aurich 1996.
Das Heimatsfest in Leer 1907. Bilder vom Festzuge und von Leer und Umgegend. Leer 1907.

Das Protokoll- und Rechnungsbuch der Hiligemanns und Kerks-
waren für die Zeit von 1513-1582 im Archiv des Presbyteriums
der Evangelisch-reformierten Kirchengemeinde in Leer (Ostfriesland). Aus der Handschrift übertragen und erläutert von
Günther Robra, Aurich 2005.

Deeters, Walter: Kleine Geschichte Ostfrieslands, Leer 1992.

Die wirtschaftlichen Beziehungen Leers zu den münsterschen
und oldenburgischen Nachbargebieten in früheren Jahrhunderten. Eine Zusammenstellung von Nachrichten aus den Archiv-
beständen des Niedersächsischen Staatsarchivs Oldenburg, ohne
Ort und Datum.

Eimers, Enno: Kleine Geschichte der Stadt Leer, Leer 1993

Festschrift. Herausgegeben aus Anlaß der 400. Wiederkehr des
Gallimarktes zu Leer, Ostfriesland, Leer 1907.

Festschrift zum 100jährigen Jubiläum der Stadt Leer, Leer 1923

Förderverein zur Erhaltung des Baudenkmals Waage (Hg.): Waage, Leer/Ostfriesland, Leer 1986.

Hannovers Seeschiffahrt, Zweites Heft, Leer 1853.

Hleri ad Ladam, Lier by de Leede, Leer an der Leda - Aus der
Geschichte eines ostfriesischen Ortes, Teil 1, Eine Unterrichts-
hilfe zur Geschichte und Entwicklung der Stadt Leer, erarbeitet
von Garrelt van Borssum, Aurich 1981.

Hopp, Michael/Parnicke, Peter: Spektakel, Schau & Hightech-
Power, Historisches & Kurioses aus vier Jahrhunderten Oldenburger „Krahmer=Marckt", Oldenburg 2007

Kirchenvorstand St. Michael (Hg.): 200 Jahre katholische Kirche
St. Michael, 1775 bis 1975, Leer o. J.

Klasen, Heinrich: Leer. Eine kurze Darstellung seiner Verfas-
sungsgeschichte, Vortrag in der Sitzung des Rates der Stadt Leer
am 2. Juli 1991.

Kramer, Margarete: Der Gallimarkt in Leer, Leer o. J.

Lange, Wilhelm: Leerort. Beitrag zu den Ortsartikeln der Arbeitsgruppe der Ortschronisten der Ostfriesischen Landschaft,
Aurich o. J.

Lüpkes, Wiard Habbo: Ostfriesische Volkskunde, Emden 1925,
Nachdruck Leer 1991.

Müller, Ernst: Braune Segel auf der Leda, Leer 1990

Müller, Günter: Burgen und Schlösser im Raum Oldenburg-Ost-
friesland, Oldenburg 1977.

Ritter, Friedrich: Henricus Ubbius' Beschreibung von Ostfriesland v. J. 1530, in: Jahrbuch der Ges. für bildende Kunst und

vaterländ. Altertümer zu Emden 18, 1913/14, S. 53-116

Stadt Leer: 100 Jahre Rathaus Leer 1894 – 1994, Leer 1994.

Onken, Wessel: Aus Leers Vergangenheit. Chronik des Fleckens Leer, Leer 1765, überarbeitet 1885/86, 2003 Neuveröffentlichung für die Reihe „Archivpädagogische Schriften der Stadt Leer".

Ostfriesische Landschaft (Hg.): Historische Statistik der preußischen Provinz Ostfriesland 1744 – 1806.

Ostfriesische Volkstänze, aufgezeichnet und zusammengestellt von Harm Ehmen und Hilde Schreiber, Aurich 1990

Ostfriesisches Landrecht, Osnabrück 1852.

Robra, Günther: Die alte Waage zu Leer, Leer 1986.

Schröder, Heiner: Sturmflut. 1000 Jahre Katastrophen an der ostfriesischen Küste, Leer 1998.

Siefkes, Wilhelmine: Kasjen und Amke. Ein ostfriesischer Roman, Leer 1952.

Stadt Leer (Hg.): Unsere Heimatstadt Leer, Leer 1958.

Stadtarchiv Leer: Gallimarkt und Galli-Viehmarkt, Leer 1996.

Teuber, Werner: Jüdische Viehhändler in Ostfriesland und im nördlichen Emsland 1871 - 1942, Cloppenburg 1995.

Van Lengen, Hajo: Die friesische Freiheit des Mittelalters. Leben & Legende, Aurich 2003.

Verein für Heimatschutz und Heimatgeschichte Leer: Leer – Bummel durch die Altstadt, Leer 2007.

Weßels, Paul: Leer. Beitrag zu den Ortsartikeln der Arbeitsgruppe der Ortschronisten der Ostfriesischen Landschaft, Aurich o. J.

Wiemann, Harm: Tausend Jahre aus der Geschichte 800 bis 1823, in: Stadt Leer (Hg.): Leer gestern - heute - morgen, Leer 1973.

Internet:

Wikipedia. Die freie Enzyklopädie,
http://de.wikipedia.org/wiki/Hauptseite
Homepage der Stadt Leer,
http://www.stadt-leer.de

Texthinweise:

Die Auszüge aus dem Roman „Kasjen und Amke" von Wilhelmine Siefkes konnten mit freundlicher Genehmigung des Leeraner Verlags Schuster in diesem Buch (Seite 51 bis 62) veröffentlicht werden. Der Roman ist beim Verlag Schuster erhältlich.

Bildhinweise:

Heiner Unkel: S. 10, 109, 118

Archiv Theo von Halle: S. 122, 123, 124

Stadtarchiv Leer: S. 28, S. 31, 41, 52, 55, 64, 68, 137

Sammlung des Heimatmuseums Leer: S. 105, 145, 148, 160, 170

Sammlung Dr. Gerhard Canzler: S. 72, 95, 97, 99, 179

Heiner Schröder: S. 37, 38, 42, 104, 111, 112, 115, 129, 156, 169, 172, 174

Archiv Ostfriesen-Zeitung: S. 17, 20, 22, 27, 44, 46, 48, 49, 50, 75, 78, 81, 82, 85, 87, 88, 92, 102, 116, 132, 134, 139, 143, 158, 164, 166, 167, 180

Management Scooter: S. 163

Archiv Bodo Wolters: S. 140

Ostfriesische Landschaft: S. 59

Verlag Schuster: S. 61

Die übrigen Fotos und Abbildungen unterliegen keinen besonderen Urheberrechten.